Kolofon
©Mathias Jansson (2021)
"Di ångermanländska VI – Förskingringens poeter."

ISBN: 978-91-86915-52-0

Utgiven av:

 "jag behöver inget förlag"
c/o Mathias Jansson
Tvärvägen 23
232 52 Åkarp
http://mathiasjansson72.blogspot.se/

Tryckt: Lulu.com

Förord.

När jag fick frågan om att överta redaktörskapet av "Di ångermanländska" efter min far Helge Broman så var jag först tveksam. Poesi är inte mitt expertområde utan snarare antropologi. Jag har visserligen uppvuxen med poesi och har hela mitt liv haft ett stort intresse för lyriken och under mina många och långa resor runt om i världen har jag ibland roat mig med att skriva en del dikter som tidsfördriv, men det är något helt annat än att vara redaktör för en sådan här etablerad antologi. Efter en del övertalning och löfte om att själv få bestämma inriktningen på nästa antologi tackade jag efter en tids betänketid ja till uppdraget. Ibland måste man prova sina vingar för att veta om man kan flyga som det gamla ordspråket lyder.

Med den sjätte delen i serien "Di ångermanländska" vill jag vidga perspektivet i serien. Tyvärr lämnar många unga människor våra trakter (precis som jag gjorde en gång i tiden) för att studera eller för att arbeta på andra orter. Det är sedan få som väljer att flytta tillbaka, men minnena från barndomens uppväxt och landskap brukar man ändå bära med sig. Jag har därför sökt reda på ett antal poeter som fötts och vuxit upp i trakten, men som nu bor i andra delar av landet eller utomlands. Det är också en något yngre generation poeter som presenteras i den här antologin än i tidigare. De flesta är födda på 80-talet eller senare.

Trevlig läsning
Hilbert Broman

Riksnittio aka Svante Konradsson

Rapparen Riksnittio aka Svante Konradsson, från Rågsved, född och uppvuxen i Undrom, flyttade efter fordonsprogrammet på gymnasiet ner till Stockholm med ambitionen att arbeta med musik. Han väntar fortfarande på det stora genombrottet, men på sin YouTube kanal lägger han regelbundet ut nya låtar och har under åren skaffat sig en trogen publik som älskar hans raptexter med norrländska teman.

Kungen i skogen

Du säger du är kung i skogen
men det här är mina jaktmarker
allt du ser här tillhör mig
från myren bort till skogen
det här är mina jaktmarker
stövlar du in på mina områden
får du känna på rekylen
när jag fäller dig med ett skott
skickar dig till de sälla jaktmarkerna
jag ska stycka och frysa in dig
för jag håller fingret på avtryckaren
för jag är killern och styckaren
jag står och väntar på mitt pass
väntar på att du ska gå över gränsen
när du stövlar in på mina marker
får du känna på rekylen
när jag fäller dig med ett skott
när mina jakthundar ger skall
är det sista du hör en knall
sen ligger du död och kall
på den våta myren
jag skär en skåra i kolven
hänger upp trofén på väggen
säg mig nu - vem som är kung i skogen
för det här är mina jaktmarker
det är mina områden
korsar du den gränsen
får du känna på rekylen.

Träbaronen

Jag har bark och flis i högar
har fullt med barr i madrassen
knock, knock on wood
möt den nya träbaronen
som blivit rik på skogen

Vill du köpa virke
så är jag mannen
du får betala dyrt
för prima timmer
bästa kvalitén i byn
jag tjänar grovt med flis
på tall och gran
säljer till Ryssland och Kina
och till affärsmän i stan

Jag har bark och flis i högar
har fullt med barr i madrassen
knock, knock on wood
jag är den nya träbaronen
när jag drar på krogen
ser alla att jag är
det största trädet i skogen

Men knäcker du en gren
rör du mina träd
kommer du in på mina domäner
så kommer jag fälla dig med roten

barka av dig hela stammen
så fucka inte up med den nya träbaronen

Mina händer är hårda
av yxan och sågen
när jag kör med skördaren
faller alla träden för min klinga
min inre är kärnvirke
och min vilja seg som kåda
jag skördar var andra sår
jag köper billigt och säljer dyrt
för knock, knock on wood
jag är den nya träbaronen.

Värsta typen

Bakom ICA bränner jag gummi
däcken bara ryker
tar en klunk hembränt ur dunken
jag är typ värsta typen
har ingen respekt för lagen
min EPA är trimmad
och jag kör mot gult
i den sena midnattstimman

När snuten dyker upp
trycker jag plattan i botten
kör så gruset ryker
medan blåljusen tjuter
det är värsta vilda jakten
i GTA när jag sitter bakom ratten

Jag är värsta typen
har ingen respekt för lagen
har snattat på Konsum
och laddat ner olagligt
jag är så jävla grym
tränar en gång i veckan på gym
har bling runt halsen
och svarta solbrillor
för jag är värsta typen
ingen respekt för lagen
jag är värsta typen
för jag står ovanför lagen.

Esmeralda G (Grönkvist) - Reminiseanser

Esmeralda G, är influenser och medium som är född och uppvuxen i Bollsta. Efter en andlig resa till Asien efter gymnasiet flyttade hon till Stockholm och etablerade sig som medium. Esmeralda kallar sina dikter för "reminiseanser" då de kommit till henne i olika transtillstånd. Dikterna har tidigare varit publicerade på hennes blogg – Esmeraldas andliga bubblor.

Vi har samlats i den dunkla källaren
vi sitter runt bordet och väntar
när kristallkulan plötsligt börjar snurra
röken sprider sig längs golvet
en spökridå av skuggor
pulserande ljusreflexer
förskjuter vårt tidsperspektiv
vi tappar kontrollen över våra kroppar
börjar dansar på borden
och talar i tungor
ur det förflutnas dimmor
stiger våra ex och gamla bekanta
på morgonen när vi vaknar
hemsöks vi av hemska minnen
av historiens spöken.

**

Jag tog en selfie framför spegeln
i bakgrunden en skuggestalt
en besökare från andevärlden
som försökte varna mig
okända besökare träd fram
vad är ditt meddelande?
strax en avisering i mobilen
glöm inte frissan idag
så jävla sant det va.

**

I natten hör jag i mobilen
sluddrande röster som talar till mig
avlägsna bekanta från andra världar
jag ser otydliga bilder i mitt flöde
dimgestalter som dansar fram
i blixtrande sfärer
de försöker kryptiskt meddela sig med mig
med deras autocorrect är helt fucked up
så jag förstår inte vad de vill
under morgontimmarna
avtar signalen
tills kommunikationen är avbruten.

**

På snapchat en okänd tog kontakt
ville höra hur det va
jag försökte förstå hans budskap
han skickade mig olika förslag
men jag kände ingen feeling
aurafältet var negativt
så jag bad honom GFY
och blocka honom sen
kände sen ur harmonin
i mitt sociala liv var återställd.

**

Kände mig deppig och låg
tog en selfie och såg
att mina chakra färger
var svaga och bleka
fick lägga på ett filter
sen gilla alla den på insta
och då kände jag
att min självbild
blev så jättebra.

Janne Bengtsson – Det vita lakanet

Janne Bengtsson, född i Lunde, bor idag i Uddevalla och har under många år arbetat som undersköterska inom den palliativa vården. Många av hans dikter kretsar kring nattvak, avsked och döden. Jag har valt några dikter ur den egenutgivna diktsamlingen "Det vita lakanet".

De vita väggarna
och stegen av tystnad
i korridoren utanför
nattens långa väntan
på det sista andetaget
i gryningen har livet gått vidare
jag sitter ensam kvar en stund
innan jag reser mig från stolen
och går hem.

**

Jag håller din hand
följer dig en bit
på den sista färden
din hand är så skör och kall
du ser utan att se
hör utan att höra
du har redan rest hem
till barndomens bondgård
som du alltid berättade om
strax efter midnatt
tar vi ett sista farväl.

**

Du var för ung för döden
så mycket av livet
fanns kvar att leva
men den morgonen
vaknade du aldrig mer
till soluppgångens strålar.

**

Du stickade alltid
på din halsduk
la maska till maska
dag till dag på ditt liv
men i natt klipptes
sista tråden på ditt liv
nu ligger din stickning kvar
på stolen i rummet
medan du rullas ut
under vita lakan.

**

Du är rädd för slutet
och får en lugnande spruta
jag talar med dig
med lugn röst
berättar om skogen
om träden och djuren
jag mött på mina vandringar
jag ser att du minns ditt liv
när du själv strövade omkring
hur blicken mattas av
och bröstet häver sig långsammare
under natten följs vi åt
genom den eviga skogen
till en skogsglänta med mjuk mossa
där du slutligen kommer till ro.

**

Stefan Granqvist – Den platta jorden

Stefan Granqvist växte upp på en bondgård i Nordingrå, men en sommar blev han förälskad i en sommargäst från Skåne och beslutade sig för att överge släktgården och flytta ner till Österlen för att starta ett eget jordbruk. Men han vande sig aldrig riktigt vid det skånska landskapet och klimatet, något som återkommer i hans dikter. Dikterna är hämtade från debuten "den platta jorden".

Den som sa att jorden va platt
han föddes väl på Österlen
för härifrån till evigheten
är det fri sikt till havet
inga berg, inga kullar
nej, knappt några stenar
så ini helvit platt och jämnt
ja, även på fyllan
står man stadigt
i den skånska myllan.

**

Vårbruket är igång
dagen lång sitter jag
i traktorn och plöjer
stirrar mot horisonten
ja, sikten är ju fri
ingen skog som skymmer
nej, inte ens en dunge
knappt ett träd i sikte
skulle man hålla kursen
rakt fram
skulle man väl snart
köra över kanten.

**

Det är inte rätt
och man plockar upp betorna
i november

Det är inte rätt
att man måste klippa gräset
strax innan jul

Det är inte rätt
att jorden är brun
och det är plusgrader
i mitten av januari

Det är inte rätt
att allt är så platt
på denna eländiga slätt

Det är inte rätt
att man måste
stå ut och se på eländet
nej, det borde vara berg och skog
och kallt och snö
i alla fall när det är jul.

**

En bergknalle eller en kulle
eller en liten uppförsbacke
någon jävla lutning
kunde det väl ändå va
på det platta eländet

Men här finns inga grantoppar
som skymmer en stjärnklar kväll
inga berg där solen kan försvinna
när skymningen anländer

Innan jag somnar varje kväll
ber jag till Gud
låt det växa fjäll
istället för vete
på mina åkrar.

**

Åsa Byman – Dikter utanför ramen

Åsa Byman från Kramfors skriver för tillfället en avhandling vid konstvetenskapliga institutionen vid Umeå Universitet om sin släkting Emil Byman: "Om den stiliserade älgen. Från hällristning till naivism – en studie i Emil Bymans konstnärskap". Åsa har också gett ut ett par diktsamlingar med existentiella dikter ofta inramade i konsthistoriska referenser. Här är några exempel ur hennes senaste diktsamling "Dikter utanför ramen".

Jag gick över Umeälvens lopp
när livet plötsligt sa: Stopp!
och alla känslorna inom mig
släppte som en ispropp
ett ångestskri fyllde min själ
det ekade över vattnet
sen släppte plötsligt allt
och jag kände mig åter fri
befriad från mitt ångestskri.

**

Barndomens älgar
som stod och blängde
vid en mörk skogssjö
och min släkting Byman
som stod vid sin stuga
och vinkade

Det var något skrämmande
och spännande
med alla dessa konstiga älgar
där varken anatomi
eller perspektiv stämde

Jag minns så väl
alla dessa naivistiska älgar
som hängde på min
barndoms väggar.

Sorgen tog min hand
och ledde mig ner
till dödsskuggans dal
skälvande blir jag stående
på dödens schackbräde
Albertus Pictor bjöd upp mig
till en dödsdans
och där dansade jag
tillsammans med kungar och bönder
tills döden svängde sin lie
och utbrast: Schackmatt!

**

Sommarens hetta
får timvisaren att smälta
och genom fönstret ser jag
hur skogens giraffer brinner
jag skyndar mig framåt
jag hinner, jag hinner
men för sent
framför mig stängs dörren
och jag blir till stående
fastfrusen som sten
framför hallens spegelbild.

**

Jag står och stirrar
på näckrosdammens prakt
det är som en målning av Monet

Jag ser hur skräddaren
vandrar över vattenytan
och påminns om ditt svek
för dig var vår kärlek
bara en lek
jag sjönk som en sten
men du gick bara vidare.

**

Lisa Näsman – den fysiska dikten

Lisa Näsman, född i Bjärtrå, flyttade efter gymnasiet till Luleå för att läsa partikelfysik. Hon är idag verksam på universitet som forskare med inriktning mot mörk materia. I sina diktsamlingar utforskar hon språket och poesins utifrån ett naturvetenskapligt perspektiv och ser ofta en korrelation mellan poesi och fysik. Dikterna är hämtade ur samlingen "antiord och kvantmening".

Försvinnandet

Min dikt börjar pampigt och stort
men reduceras steg för steg
orden blir färre och färre
raderna blir kortare
till endast en liten
obetydlig punkt
blir kvar

.

**

Utplånandet

Jag skulle vilja försvinna
med min dikt
in i en annan tid
rulla ihop orden
till endimensionella strängar
och gömma dem
djupt i själens
osynliga världar.

**

Expansion

Varje dikt är ett mikrokosmos
som börjar med en expansion
som rör sig allt snabbare
mot sin slutdestination
innan den som en ballong
exploderar och försvinner
i intet.

**

Svart hål

Mina ord faller ner
i ett svart hål
meningarna bryter samman
grammatiken upphör att existera
texten blir till en utsmetad svärta
oläslig för läsaren.

**

Foton

I ljushastighet
färdas tanken över nätet
sprider sig genom världen
utan massa som fotonen
lämnar den inga avtryck
eller märken efter sig
till eftervärlden.

**

Gravitation

Tanken som för ett ögonblick
fick mig att flyga
hejdas nu
accelerationen minskar
och stannar upp
jag återvänder till jorden
inte ens poeten
kan trotsa gravitationen.

Henrik Stålberg – Flexa & deffa

Henrik Stålberg född och uppvuxen i Docksta. Han tävlade i sin ungdom i bodybuilding med ett SM-brons som bästa resultat. Henrik jobbar idag som PT på ett gym i Sollentuna. I debutdiktsamlingen "Flexa & deffa" tittar han närmare på dagens kroppsideal och träningskultur.

Herkules stordåd

Fyra ägg och en tallrik gröt
en shake och en proteinbar
100 gram kyckling med ris
då var frukosten klar

Sen på gymmet några timmar
kör stenhårda pass
hem en sväng och vila
ladda om med mera mat
och sen tillbaka

Vecka efter vecka
år efter år
träna och äta
så är livet för Herkules
ett Sisyfosarbete
bestående av
vikter och proteiner.

**

Olympus

På exklusiva gym Olympus
tränar stadens gudar
de flexar och deffar
pratar och posar
i sitt anletes svett

Med blicken stadigt fäst
på sin egen spegelbild
tar Narcissus en selfie till
tillbringar allt mer tid
framför spegeln
än på att träna

Atlas med sitt styrkebälte
lastar stången full
frustar och stånkar
med ryck, stöt och böj
lyfter han stolt sin börda
mot himlens höjd

Vackra Afrodite
sminkad och snygg
i moderiktiga tights
sliter häcken av sig
i trappmaskinen
kör sedan ett extra pass
i gymmets stjärtpress

I ett hörn
mörk och dyster
dold under sin hoodie
står Hades ensam
lyssnar i sina lurar
medan han curlar

Artemis flexar
spänner bröstet
i cablecrossen
tränar målmedvetet
och viljestarkt
i gymmets maskinpark

I centrum av Olympus står Zeus
med sitt följe av beundrare
skäggig och skallig
svällande muskler
under ett slitet linne
märkt av sitt missbruk
av anabola och steroider
han vet som alla andra
att snart kommer nya
yngre och starkare gudar
att härska på gym Olympus.

**

Nyårslöftet
I januari ska alla löften infrias
fulla med energi
börjar medelsvensson träna
med nya träningskläder
lyfter och pressar
vill visa alla andra att han kan
sätta nya personliga rekord
på löpande band

En PTs schema är fullbokat
han ger goda råd om kost
drar upp träningsplaner
sätter upp nya mål
och bokar in träningspass

Men i februari är det lugnt igen
medelsvensson är hemma
med brustna muskler och drömmar
vi gamla vanliga
fortsätter av gammal vana
med vår träning.

Pelle Pärson – Himmelska jordfrukter

Pelle Pärson växte upp på ett lantbruk i Dämsta där man odlade potatis. Efter studier vid Lantbruksuniversitetet i Uppsala flyttade han till London där han idag arbetar som produktutvecklare för ett känt chipsföretag. Dikterna är tagna ur hans andra diktsamling "Himmelska jordfrukter" och beskriver hans passionerade förhållande till potatisen.

Prasslet från en chipspåse
får mig alltid att minnas
den bördiga jorden i Dämsta
och fälten med potatisblasten

Tänk att få vandra där igen
på den leriga åkern
och försiktig gräva fram
alla mina goda vänner
och få hålla dem i handen

Veta att snart
ska dessa enkla knölar
förvandlas och förädlas
till en påse guldgula
krispiga skivor
saltade och smaksatta
med soure cream
eller cheddar cheese.

**

När jag läser om Gorta Mór
den stora svälten på Irland
hur den grymma potatispesten
förstörde skörden och grödan
hur den drabbade städer och byar
hur barn och gamla
gick längs vägarna och svalt
då känns det hårt i själen
hos en potatisälskare
och man tänker
om det ända funnits chips
som man kunde dela ut till de fattiga
krispiga nödpåsar
smaksatta med salt
vinäger eller grillkrydda
en sådan påse skulle skydda
familjen mot svältens hemska plåga.
och sprida lite fredagsmys
och skänka nytt hopp
om liv och ljus.

**

Nog är det gott med ris
bulgur och pasta
men godast är ändå potatis
förädlad och friterad
saltad och smaksatt

Den ljuvliga doften av chips
håller mig ständigt vaken
jag kan inte sluta att tänka på
nya framtida smaker
som vanilj och saffranskaka
blåbär och julmust
pomerans och kanel
kanske finns där någonstans
framtidens smaker
som blir till en succé
för min framtida yrkeskarriär.

Uffe "binhex80" Olsson

Ulf "Uffe" Olsson föddes i Prästmon och intresserade sig tidigt i barndomen för datorer. Efter Naturvetenskaplig linje på gymnasiet studerade han datavetenskap i Umeå och har efter examen arbetat på olika IT-företag i Göteborgsområdet. Under sitt alias "binhex80" är han också en känd karaktär på retroscenen och deltar ofta i olika sammanhang med sina demos och dikter. För Ulf är poesi och programmeringskod samma estetiska upplevelse och utmaning. Dikterna är hämtade från e-boken "Poesi är kod" som också går att ladda ner som assembler från hans hemsida.

Lilla bugg, lilla bugg
var gömmer du dig
du leker poke och peek
med mig
du driver mig till vansinne
jag har letat hela natten
men kan inte hitta dig

Lilla bugg, lilla bugg
var har du gömt dig i stacken
är du kanske en etta
som blivit en nolla
har du gått vilse i maskinen
är du den förlorade biten
lilla bugg, lilla bugg
visa dig
innan du driver mig till vansinne.

**

Kaffe och Cola
och ett knattrande tangentbord
då är helgen räddad
och man är igång

Kod är som poesi
det är så vackert
med en slingrande
subrutin
en variabel och en funktion
en loop och ett anrop
när pusselbitarna faller på plats
och man får ett flow
i sin programmeringskod.

**

I den bleka skärmens sken
fylls min dator
med idéer och minnen
tiden bara springer iväg
när jag tillbringar timmar
i min kodade värld

Skärmen fylls av
nya strofer och rader
som förvandlas
i min kompilator
till scrollande animationer
och färgsprakande bildspel
färdiga att visas upp
på höstens demoscener.

**

Den nostalgiska känslan
av en gammal diskett
lukten och ljudet när den snurrar
i diskettstationen

Kanske hittar man
en fil från förr
som långsamt laddas
till datorns arbetsminne
kanske är det ett
bortglömt textäventyr
av Nils-Johan Johansson
eller ett modemprogram
för att koppla upp sig
till en nedlagd BBS.